・「GTEC」は株式会社ベネッセコーポレーションの登録商標です。
この商品・サービスの内容は，株式会社ベネッセコーポレーションの承認や推奨を受けたものではありません。
・英検®は，公益財団法人 日本英語検定協会の登録商標です。
このコンテンツは，公益財団法人 日本英語検定協会の承認や推奨，その他の検討を受けたものではありません。

知識・技能（音声）	思考力・判断力・表現力
母音 [æ]，[ɑ]，[ʌ]	与えられた視覚的情報をもとに，ある状況や場面，事物を描写説明した単文レベルの英文を[illegible]
母音 [i]，[e]，[u]	与えられた[illegible]する内容を聞き取り，理解することがで[illegible]
長母音 [əːr]，[ɑːr]，[ɔːr]	日常生活に[illegible]取り，把握することができる。
長母音 [iː]，[uː]，[ɔː]	与えられた視覚的情報をもとに，ある状況や場面，事物を描写説明した英文を正しく聞き分けることができる。
二重母音 [ei]，[ai]，[ɔi]	与えられた視覚的情報をもとに，状況や場面，事物を描写説明したやや長めの英文を正しく聞いて理解することができる。
二重母音 [au]，[ou]	事前予測ができる情報がない中で，会話的な不意の問いかけに対する適当な応答英文をすばやく判断し，処理することができる。
あいまい母音 [ə]	与えられた視覚的情報をもとに，ある状況や場面，事物を描写説明した英文を正しく聞き分けることができる。
子音 [s]，[z]	日常生活において必要となる基本的な情報を聞き取り，把握することができる。
子音 [ʃ]，[ʒ]	平易な英語で話されるごく短い説明を，イラストを参考にしながら聞いて，概要や要点を把握することができる。
子音 [t]，[d]	与えられた視覚的情報をもとに，状況や場面，事物を描写説明したやや長めの英文を正しく聞いて理解することができる。
子音 [k]，[g]	日本語で事前に与えられる状況設定および視覚的情報と音声情報から，その場面で求められている課題を解決することができる。
子音 [p]，[b]	身近なことに関する内容を聞き取り，理解することができる。
子音 [f]，[v]	平易な英語で話されるごく短い説明を，イラストを参考にしながら聞いて，概要や要点を把握することができる。
子音 [tʃ]，[dʒ]	平易な英語で話されるごく短い対話を，場面の情報などを参考にしながら聞いて，必要な情報を把握することができる。
子音 [θ]，[ð]	与えられた視覚的情報をもとに，ある状況や場面，事物を描写説明した英文を正しく聞き分けることができる。
子音 [l]，[r]	与えられた視覚的情報をもとに，状況や場面，事物を描写説明したやや長めの英文を正しく聞いて理解することができる。
子音 [m]，[n]，[ŋ]	事前に与えられた英文質問に答えるために必要な情報を選択して引き出し，求められている解答を導くために適切な判断をすることができる。
子音 [w]，[j]，[h]	身近なことに関する内容を聞き取り，理解することができる。
子音の連続	平易な英語で話されるごく短い説明を，グラフを参考にしながら聞いて，概要や要点を把握することができる。
母音の連続	平易な英語で話されるごく短い対話を，場面の情報などを参考にしながら聞いて，概要や要点を目的に応じて把握することができる。

Lesson 1

Picture Description

GTEC®

イラストの内容を表す文として，3つの英文が読まれます。その中から，最も適切なものを1つ選びなさい。英文は2回読まれます。

1. 1

① ② ③

2. 2

① ② ③

3. 3

① ② ③

4. 4

① ② ③

Answer Sheet

Active Listening ①
Lesson 1

1. ① ② ③ (5点)

2. ① ② ③ (5点)

3. ① ② ③ (5点)

4. ① ② ③ (5点)

Total
/20

Class

No.

Name

Target 1

母音 [æ], [ɑ], [ʌ]

[æ]	口の両端を横に開き，日本語の「エ」の口の形で「ア」を出す感じで発音する。		angry [ǽŋgri] animal [ǽnəml] bag [bǽg] cat [kǽt] man [mǽn] sad [sǽd]
[ɑ]	日本語の「ア」よりも口を大きく開けて，のどの奥で短めに発音する。		hot [hɑ́t] hobby [hɑ́bi] job [dʒɑ́b] knock [nɑ́k] mop [mɑ́p] shop [ʃɑ́p]
[ʌ]	上下両方の唇を横に引っ張り，日本語の「ア」を出す感じで発音する。		come [kʌ́m] love [lʌ́v] other [ʌ́ðər] touch [tʌ́tʃ] run [rʌ́n] uncle [ʌ́ŋkl]

Check

英文を聞いて，(　　)内の語のうち読まれたほうを○で囲みなさい。英文は1回読まれます。

1. I see several (bags / bugs) in the room.

2. Will you bring me a (map / mop)?

3. How fast you (ran / run)!

Words and Phrases
each other：お互い(に)
get off ...：…を降りる

Lesson 2

School Life

英検®

イラストを参考にしながら対話と応答を聞き，最も適切な応答を 1 つ選びなさい。英文は 2 回読まれます。

1. 6

① ② ③

2. 7

① ② ③

3. 8

① ② ③

4. 9

① ② ③

Answer Sheet

Active Listening ①
Lesson 2

1. ① ② ③ （5 点）

2. ① ② ③ （5 点）

3. ① ② ③ （5 点）

4. ① ② ③ （5 点）

Total
/20

Class

No.

Name

Target 2

母音 [i], [e], [u]

発音記号	説明	口の形	例
[i]	日本語の「イ」よりもやや「エ」に近い。強めに短く発音する。		bitter [bítə*r*] ill [íl] kick [kík] listen [lísn] live [lív] rich [rítʃ]
[e]	日本語の「エ」とほぼ同じ音だが，それより少しだけ舌を低くして発音する。		egg [ég] end [énd] help [hélp] pen [pén] head [héd] friend [frénd]
[u]	日本語の「ウ」よりも唇を少し丸めて前に突き出し，短く軽く「ウ」と言う感じで発音する。		push [púʃ] put [pút] sugar [ʃúgə*r*] book [búk] cook [kúk] wood [wúd]

Check

英文を聞いて，(　　)内の語のうち読まれたほうを○で囲みなさい。英文は 1 回読まれます。

1. The food tasted (better / bitter).

2. I'm looking for my (pen / pin).

3. He (cooked / kicked) the chicken.

Words and Phrases
presentation [prì:zəntéiʃən]：プレゼンテーション，発表
crowded [kráudid]：混雑した
take a rest：休憩する

Lesson 3

In the Town

共通テスト

英文を聞き，それぞれの内容と最もよく合っているものを 1 つ選びなさい。
英文は 2 回読まれます。

1. 11
   ① Steve couldn’t buy milk.
   ② Steve got some milk at the store.
   ③ There was no milk in the store.

2. 12
   ① The speaker has decided to buy this T-shirt.
   ② The speaker is looking for a bigger T-shirt.
   ③ The speaker will try to wear the T-shirt.

3. 13
   ① The speaker always orders pizza in this restaurant.
   ② The speaker doesn’t go to this restaurant for pizza.
   ③ The speaker doesn’t like pizza.

4. 14
   ① Mary couldn’t see the movie.
   ② Mary liked watching movies.
   ③ Mary went to the theater, but it was boring.

Answer Sheet

Active Listening ①
Lesson 3

1. ① ② ③ (5 点)

2. ① ② ③ (5 点)

3. ① ② ③ (5 点)

4. ① ② ③ (5 点)

Total

/20

Class

No.

Name

Target 3

長母音 [əːr]，[ɑːr]，[ɔːr]

[əːr]	[e]と同じ口の形で，舌全体を後ろに引いて，「アー」という感じで発音する。舌の先はどこにも接触しない。		early [ə́ːrli] heard [hə́ːrd] bird [bə́ːrd] first [fə́ːrst] skirt [skə́ːrt] word [wə́ːrd]
[ɑːr]	日本語の「アー」よりも口を大きく開き，のどの奥で長めに発音し，同時に舌全体を後ろに引く。		art [ɑ́ːrt] arm [ɑ́ːrm] card [kɑ́ːrd] large [lɑ́ːrdʒ] March [mɑ́ːrtʃ] star [stɑ́ːr] heart [hɑ́ːrt]
[ɔːr]	日本語の「オー」よりも口を開き，唇を突き出し大きく丸めて長めに発音し，同時に舌全体を後ろに引く。		force [fɔ́ːrs] horse [hɔ́ːrs] order [ɔ́ːrdər] short [ʃɔ́ːrt] store [stɔ́ːr] warm [wɔ́ːrm]

Check

聞こえてくる英文の内容に近いイラストを a.，b. から選びなさい。英文は 1 回読まれます。

1．a.

b.

2．a.

b.

3．a.

b.

Words and Phrases

try … on：…を試着する

look forward to ~ing：～することを楽しみにする

Lesson 4 Photo Description

写真の内容を表す文として，3つの英文が読まれます。その中から，最も適切なものを1つ選びなさい。英文は2回読まれます。

1. 16

① ② ③

2. 17

① ② ③

3. 18

① ② ③

4. 19

① ② ③

Answer Sheet

Active Listening ①
Lesson 4

1. ① ② ③ （5点）

2. ① ② ③ （5点）

3. ① ② ③ （5点）

4. ① ② ③ （5点）

Total
/20

Class

No.

Name

Target 4

長母音 [iː], [uː], [ɔː]

[iː]	日本語の「イー」よりも唇を横に引き，唇と舌は緊張させて発音する。		easy [í:zi] eat [í:t] leave [lí:v] bee [bí:] feel [fí:l] need [ní:d]
[uː]	日本語の「ウー」に似ているが，唇を丸めて前に突き出す感じで緊張させて発音する。		June [dʒú:n] fruit [frú:t] suit [sú:t] shoe [ʃú:] boot [bú:t] zoo [zú:]
[ɔː]	日本語の「オー」よりも口を開き，唇を突き出し大きく丸めて長めに発音する。		bought [bɔ́:t] all [ɔ́:l] tall [tɔ́:l] taught [tɔ́:t] draw [drɔ́:]

Check

英文を聞いて，空所にあてはまる単語を書きなさい。英文は 1 回読まれます。

1. Tom will (　　　　　) here next year.

2. That (　　　　　) girl is my friend Susan.

3. He wants to go to the (　　　　　).

Words and Phrases
connect [kənékt]：…を接続する，つなぐ
branch [brǽntʃ]：枝
cable [kéibl]：電線
run straight：(道などが) まっすぐ伸びる

Lesson 5

Clothing

対話を聞いて，1.～4.の人物を，写真の①～⑥から選びなさい。
英文は 2 回読まれます。

1. Adam	①	②	③	④	⑤	⑥
2. Ben	①	②	③	④	⑤	⑥
3. Chris	①	②	③	④	⑤	⑥
4. David	①	②	③	④	⑤	⑥

Answer Sheet

Active Listening ①
Lesson 5

1. (　　)
(5点)

2. (　　)
(5点)

3. (　　)
(5点)

4. (　　)
(5点)

Total

/20

Class

No.

Name

Target 5

二重母音［ei］，［ai］，［ɔi］

［ei］	［e］の音から［i］の音に移行するように発音する。		eight［éit］ age［éidʒ］ game［géim］ space［spéis］ plain［pléin］ way［wéi］
［ai］	［a］（日本語の「ア」とほぼ同じ音）から［i］の音に移行するように発音する。		child［tʃáild］ I［ái］ ice［áis］ like［láik］ try［trái］ buy［bái］
［ɔi］	［ɔ］（唇を丸めて日本語の「オ」を発音）の音から［i］の音に移行するように発音する。		coin［kɔ́in］ noise［nɔ́iz］ oil［ɔ́il］ voice［vɔ́is］ toy［tɔ́i］

Check

英文を聞いて，空所にあてはまる単語を書きなさい。英文は１回読まれます。

1. I want to go on a (　　　　　　) trip.

2. Monica is interested in (　　　　　　).

3. The child wants that (　　　　　　) car.

Words and Phrases

cricket［kríkət］：クリケット
row［róu］：列

Lesson 6

Quick Responses

GTEC®

質問の英文に続いて，３つの英文が読まれます。質問に対する答えとして最も適切なものを１つ選びなさい。英文は２回読まれます。

1. 23

①　②　③

2. 24

①　②　③

3. 25

①　②　③

4. 26

①　②　③

Answer Sheet

Active Listening ①
Lesson 6

1. ①　②　③　（５点）

2. ①　②　③　（５点）

3. ①　②　③　（５点）

4. ①　②　③　（５点）

Total

/20

Class

No.

Name

二重母音 [au], [ou]

[au]	[a]の音から[u]の音に移行するように発音する。		cloud [kláud] found [fáund] house [háus] out [áut] brown [bráun] town [táun]
[ou]	日本語の「オ」よりも唇を丸めて出し，[u]の音に移行するように発音する。		hole [hóul] most [móust] only [óunli] sold [sóuld] road [róud] toe [tóu] low [lóu]

Check

英文を聞いて，空所にあてはまる単語を書きなさい。英文は 1 回読まれます。

1. She bought a (　　　　　　) jacket.

2. George finally (　　　　　　) his car.

3. I (　　　　　　) a (　　　　　　) in the wall.

Words and Phrases

Why don't we ～?：～しませんか。
repair [ripéər]：…を修理する
there is something wrong with …：…はどこかおかしい，…の調子が悪い

Lesson 7

英検®

Holidays

イラストを参考にしながら対話と応答を聞き，最も適切な応答を 1 つ選びなさい。英文は 2 回読まれます。

1. 28

① ② ③

2. 29

① ② ③

3. 30

① ② ③

4. 31

① ② ③

Answer Sheet

Active Listening ①
Lesson 7

1. ① ② ③ （5 点）

2. ① ② ③ （5 点）

3. ① ② ③ （5 点）

4. ① ② ③ （5 点）

Total

/20

Class

No.

Name

Target 7

あいまい母音 [ə]

[ə]	母音字で強勢が置かれない場合によくこの音になる。唇や舌，あごに力を入れず，口はわずかに開けてごく弱く自然な感じで発音する。この音をカタカナ表記するとしたら「ア」で表すことが多いが，「エ」のように聞こえたり，「ウ」や「オ」のように聞こえることもある。	about [əbáut] against [əgénst] animal [ǽnəml] forest [fɑ́rəst] melody [mélədi]

Check

英文を聞いて，空所にあてはまる単語を書きなさい。英文は１回読まれます。

1．They played some (　　　　　　).

2．Dogs are clever (　　　　　　).

3．I went into a (　　　　　　) and lost my way.

Words and Phrases
steak [stéik]：ステーキ，肉の切り身
medium [mí:diəm]：(肉の) ミディアム
be ready to ～：～する準備ができている
pedal [pédl]：自転車をこぐ
How long will it take before …?：…まであとどれくらいかかりますか。

Lesson 8

At the Store / Restaurant

共通テスト

英文を聞き，それぞれの内容と最もよく合っているものを 1 つ選びなさい。
英文は 2 回読まれます。

1. 33

① The speaker does not want pants.

② The speaker wants large-sized pants.

③ The speaker wants small-sized pants.

2. 34

① The speaker feels hungry now.

② The speaker knows much about this area.

③ The speaker is working for a restaurant.

3. 35

① The customer can use a credit card.

② The customer has to pay in cash.

③ This store accepts credit cards.

4. 36

① The customer has not decided what to eat.

② The customer wants to eat the special hamburger steak.

③ This restaurant is famous for its local dishes.

Answer Sheet

Active Listening ①
Lesson 8

1. ① ② ③ （5 点）

2. ① ② ③ （5 点）

3. ① ② ③ （5 点）

4. ① ② ③ （5 点）

Total
/20

Class ____________

No. ____________

Name ____________

Target 8

子音 [s], [z]

[s]	上下の歯を軽く合わせるくらいに近づけ，舌先を上歯茎に近づけてそのすき間から音を出す。息だけで発音すると[s]の音，声を出して発音すると[z]の音になる。	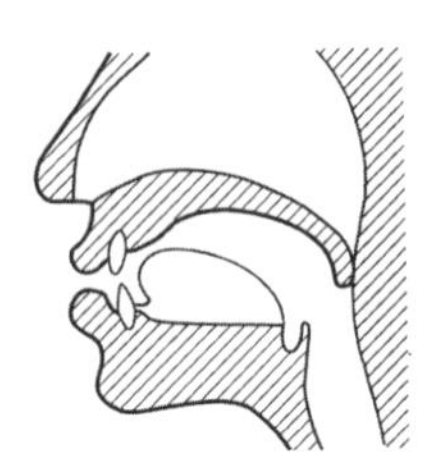	books [búks] bus [bʌ́s] sick [sík] sit [sít] summer [sʌ́mə*r*]
[z]			zebra [zí:brə] zoo [zú:] apples [ǽplz] lose [lú:z] prize [práiz] visit [vízit]

Check

英文を聞いて，空所にあてはまる単語を書きなさい。英文は１回読まれます。

1．Our team won second (　　　　　　).

2．Ben has been (　　　　　　) in bed.

3．I (　　　　　　) London last (　　　　　　).

Words and Phrases
accept [əksépt]：…を受け入れる
cash [kǽʃ]：現金
specialty [spéʃlti]：名物
be famous for …：…で有名である

Lesson 9 Picture Description

共通テスト

英文を聞き，それぞれの内容と最もよく合っているイラストを 1 つ選びなさい。英文は 2 回読まれます。

1. 38

① ② ③

2. 39

① ② ③

3. 40

① ② ③

4. 41

①  ③

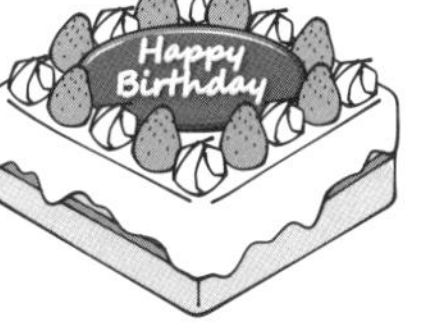

Answer Sheet

Active Listening ①
Lesson 9

1. ① ② ③ （5 点）

2. ① ② ③ （5 点）

3. ① ② ③ （5 点）

4. ① ② ③ （5 点）

Total
/20

Class ……………………

No. ……………………

Name ……………………

Target 9

子音 [ʃ], [ʒ]

[ʃ]	舌の前面を上げて息の通路をせばめ，そのすき間から息を押し出す。舌の位置は[s][z]よりも少しだけ後ろになる。息だけで発音すると[ʃ]の音，声を出して発音すると[ʒ]の音になる。	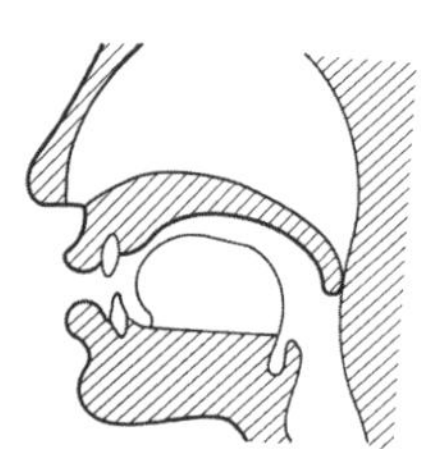	cash [kǽʃ] ship [ʃíp] shop [ʃáp] mission [míʃən]
[ʒ]			decision [disíʒən] pleasure [pléʒər] treasure [tréʒər] vision [víʒən]

Check

英文を聞いて，空所にあてはまる単語を書きなさい。英文は１回読まれます。

1. This CD is my (　　　　　　).

2. Chris has never boarded a (　　　　　　).

3. He made a (　　　　　　) to open his own (　　　　　　).

Words and Phrases
asparagus [əspǽrəgəs]：アスパラガス
lacrosse [ləkrɔ́(ː)s]：ラクロス

Lesson 10

Position

対話を聞いて，1.～4.が入る場所を，メニュー表の①～⑥から選びなさい。英文は2回読まれます。

43

1. Meat dishes	①	②	③	④	⑤	⑥
2. Fish dishes	①	②	③	④	⑤	⑥
3. Pastas	①	②	③	④	⑤	⑥
4. Salads	①	②	③	④	⑤	⑥

Answer Sheet

Active Listening ①
Lesson 10

1. (　　) (5点)

2. (　　) (5点)

3. (　　) (5点)

4. (　　) (5点)

Total
/20

Class

No.

Name

Target 10

子音 [t], [d]

		例
[t]	舌先を上の歯茎につけて息をためこみ，舌先を歯茎から離して一気に息を出す。息だけで発音すると[t]の音，声を出して発音すると[d]の音になる。	bat [bǽt] hotel [houtél] master [mǽstə*r*] put [pút] pushed [púʃt] used to [júːs*t*tə]
[d]		board [bɔ́ː*r*d] body [bɑ́di] door [dɔ́ː*r*] medal [médl] model [mɑ́dl]

Check

英文を聞いて，空所にあてはまる単語を書きなさい。英文は１回読まれます。

1. He picked up a (　　　　　　) and went to the park.

2. David won a gold (　　　　　　) at the swimming meet.

3. He (　　　　　　) his fingers on the (　　　　　　).

Words and Phrases

layout [léiàut]：レイアウト
pasta [pɑ́ːstə]：パスタ料理
upper [ʌ́pə*r*]：上部の
lower [lóuə*r*]：下部の

Lesson 11

GTEC®

Studying Abroad

場面が日本語で書かれています。英文が読まれるので，イラストを見ながら聞きなさい。質問に対する答えとして最も適切なものを 1 つ選びなさい。
英文は 2 回読まれます。

あなた(男性)は友達の英語力にあこがれています。あなたは彼女に英語の勉強方法についてたずねます。まず，あなたから友達に話しかけます。

1．これからあなたはどこで英語を勉強するか。

①

②

③

2．あなたは放課後何をしているか。

①

②

③

あなた(女性)はアメリカの大学に留学中です。まず，あなたは男性に話しかけます。

3．あなたは今どこにいるか。

①

②

③

4．あなたは何を勉強するか。

①

②

③

Answer Sheet

Active Listening ①
Lesson 11

1. ① ② ③ (5点)

2. ① ② ③ (5点)

3. ① ② ③ (5点)

4. ① ② ③ (5点)

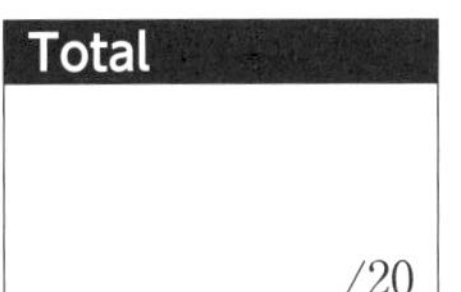

Class

No.

Name

Target 11

子音 [k], [g]

[k]	舌の後部を上に上げ，上あごの奥にあてて息をため，一気に出す。息だけで発音すると[k]の音，声を出して発音すると[g]の音になる。	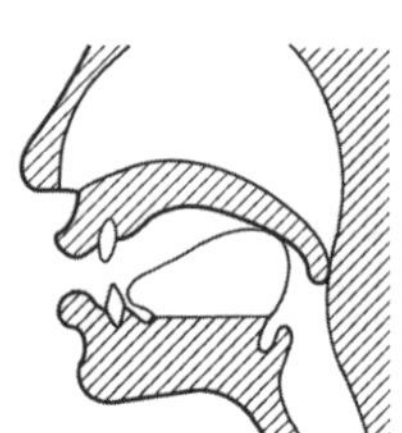	kick [kík] take [téik] came [kéim] cold [kóuld] pick [pík] ticket [tíkət]
[g]			ago [əgóu] August [ɔ́:gəst] forget [fərgét] gate [géit] go [góu]

Check

英文を聞いて，空所にあてはまる単語を書きなさい。英文は１回読まれます。

1. It's (　　　　　　), isn't it?

2. He opened the (　　　　　　) and went in.

3. Ellen (　　　　　　) to Tokyo ten years (　　　　　　).

Words and Phrases

How about ~ing?：～してはどうですか。
Why don't you ~?：～してはどうですか。
part-time job：アルバイト
Go ahead.：どうぞ。
lecturer [léktʃərər]：講師
economics [èkənámiks]：経済学
major [méidʒər]：(学校の)専攻

Lesson 12

Hobbies

英検®

対話と質問を聞き，その答えとして最も適切なものを１つ選びなさい。
英文は２回読まれます。

1. 50

① On every weekday.
② On Saturdays and Sundays.
③ On Tuesdays and Thursdays.

2. 51

① Mountain climbing.
② Overseas travel.
③ Traveling by train.

3. 52

① Cooking vegetables.
② Growing tomatoes.
③ Insects which eat tomatoes.

4. 53

① At a concert hall.
② At a karaoke room.
③ At a school music room.

Answer Sheet

Active Listening ①
Lesson 12

1. ① ② ③ （５点）

2. ① ② ③ （５点）

3. ① ② ③ （５点）

4. ① ② ③ （５点）

Total

/20

Class

No.

Name

Target 12

子音 [p], [b]

[p]	両唇を閉じ，ためこんだ息を一気に出す。息だけで発音すると[p]の音，声を出して発音すると[b]の音になる。	copy [kápi] open [óupn] pet [pét] apple [ǽpl]
[b]		beach [bíːtʃ] bird [bə́ːrd] boy [bɔ́i] hobby [hábi] somebody [sʌ́mbàdi]

Check

英文を聞いて，空所にあてはまる単語を書きなさい。英文は 1 回読まれます。

1. I have two (　　　　　) in my hand.

2. I went to the (　　　　　) last Sunday.

3. I want to have a (　　　　　). I want a small (　　　　　).

Words and Phrases
weekend [wíːkènd]：週末
weekday [wíːkdèi]：平日
overseas travel：海外旅行
veranda [vərǽndə]：ベランダ
planter [plǽntər]：鉢
watering can：じょうろ

共通テスト

Picture Description

Answer Sheet

英文を聞き，それぞれの内容と最もよく合っているイラストを１つ選びなさい。英文は２回読まれます。

1. 55

①

②

③

2. 56

①

②

③

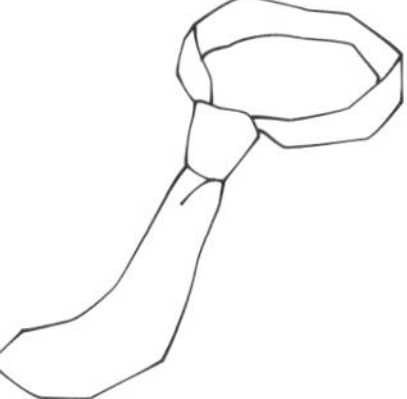

3. 57

①

②

③

4. 58

①

②

③

Active Listening ①
Lesson 13

1. ①　②　③　（５点）

2. ①　②　③　（５点）

3. ①　②　③　（５点）

4. ①　②　③　（５点）

Total

/20

Class

No.

Name

Target 13

子音 [f]，[v]

[f]	上の歯を下唇の内側に軽くあて，その間から息を押し出す。継続的に出せる音である。息だけで発音すると[f]の音，声を出して発音すると[v]の音になる。	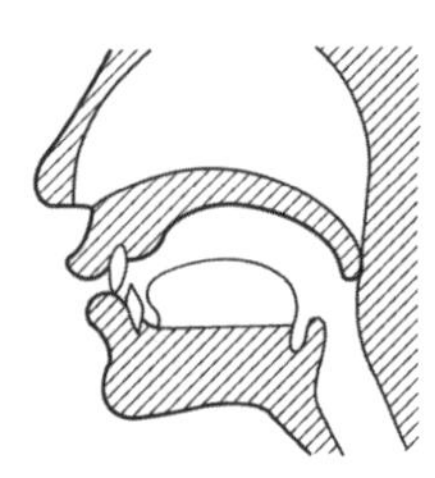	coffee [kɔ́(:)fi] finish [fíniʃ] fish [fíʃ] graph [græ̂f] phone [fóun] enough [inʌ́f]
[v]			movie [múːvi] river [rívər] very [véri] travel [trævl]

Check

英文を聞いて，空所にあてはまる単語を書きなさい。英文は 1 回読まれます。

1. George (　　　　　　) reading the book.

2. I like watching (　　　　　　).

3. I went to the (　　　　　　) and enjoyed (　　　　　　).

Words and Phrases

a bunch of ...：ひとふさの…
polka-dotted：水玉模様の
plain [pléin]：薄味の，プレーンの

共通テスト

Daily Life

対話の場面が日本語で書かれています。対話とそれについての質問を聞き，答えとして最も適切なものを 1 つ選びなさい。英文は 2 回読まれます。

1．今日の夕食について話をしています。

①  ② ③

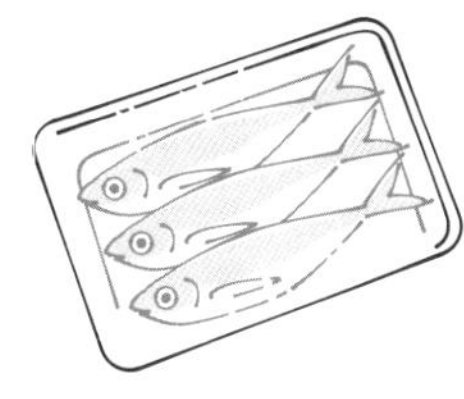

2．部活動について話をしています。

①  ②  ③

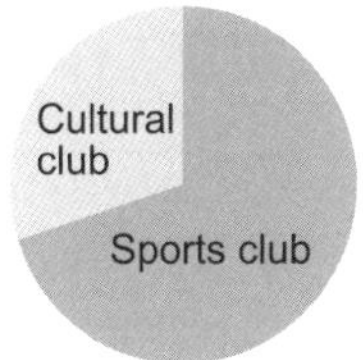

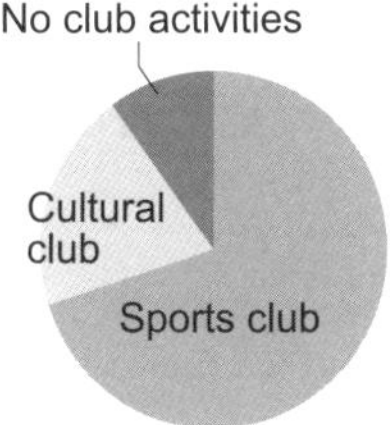

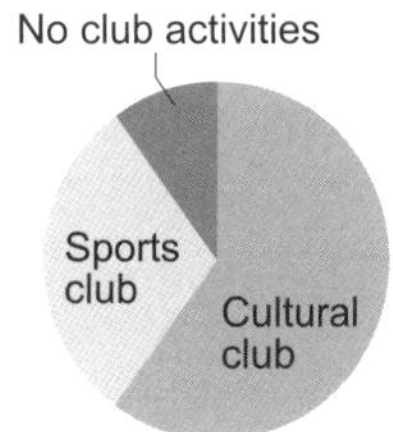

3．新刊の本について話をしています。

 ① ② ③

4．今日の昼食について話をしています。

① ② ③

Answer Sheet

Active Listening ①
Lesson 14

1．① ② ③ （5 点）

2．① ② ③ （5 点）

3．① ② ③ （5 点）

4．① ② ③ （5 点）

Total

/20

Class

No.

Name

Target 14

子音［tʃ］，［dʒ］

聞いてみよう！

［tʃ］	舌先を上の歯茎につけ，舌の前面を上げる。唇を丸め，強く息を出す。息だけで発音すると［tʃ］の音，声を出して発音すると［dʒ］の音になる。	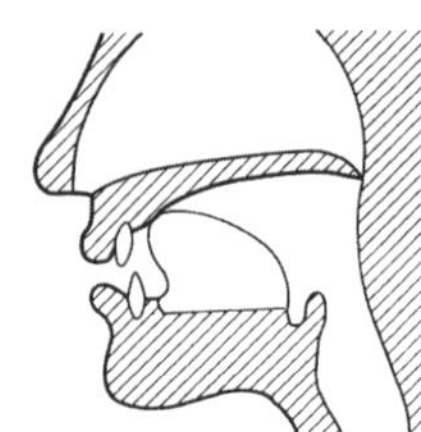	chain［tʃéin］ cheap［tʃí:p］ peach［pí:tʃ］ future［fjú:tʃər］ nature［néitʃər］ catcher［kǽtʃər］
［dʒ］			enjoy［endʒɔ́i］ just［dʒʌ́st］ age［éidʒ］ engine［éndʒən］ strange［stréindʒ］ villager［vílidʒər］

Check

英文を聞いて，空所にあてはまる単語を書きなさい。英文は１回読まれます。

1. The dog was on a (　　　　　　).

2. I started to study English at the (　　　　　　) of six.

3. The car is (　　　　　　) but has a good (　　　　　　).

Words and Phrases

on one's way home：帰る途中で
sell［sél］：(物が)売れる
out of stock：売り切れで

Lesson 15

Photo Description

写真の内容を表す文として，３つの英文が読まれます。その中から，最も適切なものを１つ選びなさい。英文は２回読まれます。

1. 65

① ② ③

2. 66

① ② ③

3. 67

① ② ③

4. 68

① ② ③

Answer Sheet

Active Listening ①
Lesson 15

1. ① ② ③ （5点）

2. ① ② ③ （5点）

3. ① ② ③ （5点）

4. ① ② ③ （5点）

Total
/20

Class ………………

No. ………………

Name ………………

Target 15

子音 [θ], [ð]

[θ]	舌先を上歯の下端に軽くつけて，その間から息を押し出す。息だけで発音すると[θ]の音，声を出して発音すると[ð]の音になる。	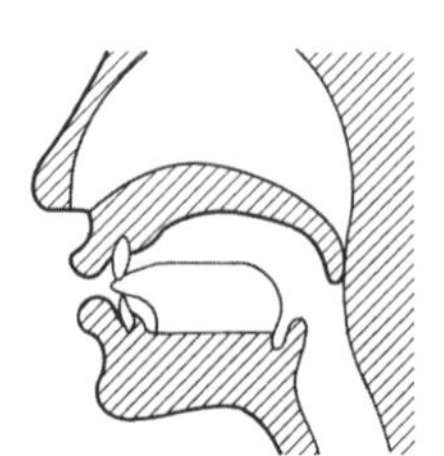	birthday [bə́:rθdèi] bath [bǽθ] mouth [máuθ] thank [θǽŋk] thin [θín]
[ð]			clothing [klóuðiŋ] there [ðéə] they [ðéi] weather [wéðər]

Check

聞こえてくる英文の内容に近いイラストを a., b. から選びなさい。
英文は 1 回読まれます。

1. a. 
2. a. 
3. a. 

1. b. 
2. b. 

3. b. 

Words and Phrases

hot spring：温泉
traffic jam：渋滞
crossroads [krɔ́:sròudz]：交差点
subway [sʌ́bwèi]：地下鉄
passenger [pǽsəndʒər]：乗客
stair [stéər]：階段（の 1 段）
stairway [stéərwèi]：階段

Lesson 16

In the Room

英語の説明を聞いて，イラストの 1 ～ 4 に入るものを，①～⑥から選びなさい。英文は 2 回読まれます。

① books　② cat　③ dog

④ house plant　⑤ racket　⑥ shoes

Answer Sheet

Active Listening ①
Lesson 16

1.（　　）（5 点）

2.（　　）（5 点）

3.（　　）（5 点）

4.（　　）（5 点）

Total

/20

Class

No.

Name

Target 16

子音 [l], [r]

[l]	舌先を上の歯茎につけたままで，舌の両側から息を出して発音する。単語の最後で用いられると暗い響きになる。		glass [glǽs] leader [líːdər] lock [lάk] lunch [lʌ́ntʃ] mile [máil] hall [hɔ́ːl] valley [vǽli]
[r]	唇を丸め，舌先を上の歯茎に近づけ，上あごと舌の間から息を出す。舌はどこにも接触しない。		carry [kǽri] interesting [íntərəstiŋ] proud [práud] rain [réin] rude [rúːd] therapy [θérəpi] write [ráit]

Check

聞こえてくる英文の内容に近いイラストを a., b. から選びなさい。
英文は 1 回読まれます。

1. a. 
   b. 

2. a. 
   b. 

3. a. 
   b. 

Words and Phrases
maybe [méibi(ː)]：おそらく
curtain [kə́ːrtn]：カーテン
original [ərídʒənl]：もとの

Lesson 17

Conversation

GTEC®

対話に関する質問の答えとして最も適切なものを１つ選びなさい。
英文は２回読まれます。

1. A man is talking to a woman. 

What did the woman enjoy in New Zealand?

① Its beautiful nature.
② Swimming in the sea.
③ Talking with people on the beach.

2. A library staff talks to you. 

What is not allowed in this library?

① Chatting.
② Eating.
③ Eating and drinking.

3. A teacher is talking to the student. 

Why is the teacher angry?

① Because the student has been late for class too many times.
② Because the student was late for the first time.
③ Because the student was ten minutes behind.

4. A young woman is talking to an old man. 

Where are they?

① In a taxi.
② On a plane.
③ On a train.

Answer Sheet

Active Listening ①
Lesson 17

1. ① ② ③ (5点)
2. ① ② ③ (5点)
3. ① ② ③ (5点)
4. ① ② ③ (5点)

Total
/20

Class
No.
Name

Target 17

子音 [m], [n], [ŋ]

[m]	両唇を閉じ,「ムッ」と息を鼻から抜いて出す。唇をしっかり閉じて発音する。		climate [kláimət] handsome [hǽnsəm] home [hóum] mother [mʌ́ðər] message [mésidʒ] summer [sʌ́mər] team [tí:m]
[n]	舌先を上の歯茎につけて「ヌッ」と息を鼻から抜いて出す。		action [ǽkʃən] gun [gʌ́n] night [náit] never [névər] sign [sáin] window [wíndou] winner [wínər]
[ŋ]	舌の後部を上にあげ,上あごの奥にあてて,空気を鼻から出す。		hungry [hʌ́ŋgri] song [sɔ́:ŋ] willing [wíliŋ] bank [bǽŋk] monkey [mʌ́ŋki] think [θíŋk]

Check

英文を聞いて,空所にあてはまる単語を書きなさい。英文は 1 回読まれます。

1. Our (　　　　　　) won the final match.

2. Don't go out at (　　　　　　).

3. I have been to the (　　　　　　).

Words and Phrases

natural [nǽtʃərəl]：自然の　beauty [bjú:ti]：美しさ
clear [klíər]：…を片付ける　except [iksépt]：…を除いて,…以外は
alcohol [ǽlkəhɔ̀(:)l]：酒類　hesitate [hézitèit]：…をためらう
priority seat：優先座席　appreciate [əprí:ʃièit]：…に感謝する

Lesson 18

Announcement

英検®

英文と質問を聞き，その答えとして最も適切なものを１つ選びなさい。
英文は２回読まれます。

1. 77
① She'll call home immediately.
② She'll call the police.
③ She'll get in touch with the staff.

2. 78
① The boarding gate staff.
② Mr. Harrison's son.
③ The passengers of Daiichi Airlines.

3. 79
① 2:00.
② 9:00.
③ 11:00.

4. 80
① The first prize.
② The names of the winners.
③ The winning numbers.

Answer Sheet

Active Listening ①
Lesson 18

1. ① ② ③ （5点）
2. ① ② ③ （5点）
3. ① ② ③ （5点）
4. ① ② ③ （5点）

Total
/20

Class

No.

Name

Target 18

子音［w］，［j］，［h］

発音記号	発音のしかた		例
［w］	唇をすぼめて突き出し，舌の後部を上あごに近づけて（接しない），「ウッ」と発音し後に続く母音に移る。		between［bitwíːn］ swing［swíŋ］ Wednesday［wénzdei］ week［wíːk］ willing［wíliŋ］ wonderful［wʌ́ndərfl］
［j］	唇は左右に少し広げて緊張させ，舌の中央部を持ち上げ，上あごとの間から強く「ユ」と言う感じで発音する。		yacht［jɑ́t］ yesterday［jéstərdèi］ young［jʌ́ŋ］ music［mjúːzik］ useful［júːsfl］ beautiful［bjúːtəfl］ view［vjúː］
［h］	後に続く母音の口の構えで，のどの奥から「ハー」と息をはきかけるようにして出す。		behind［biháind］ childhood［tʃáildhùd］ hat［hǽt］ holiday［hɑ́lədèi］ horse［hɔ́ːrs］ perhaps［pərhǽps］

Check

英文を聞いて，空所にあてはまる単語を書きなさい。英文は1回読まれます。

1．I have been sick for a (　　　　　　).

2．The (　　　　　　) man helped me when my bicycle was broken.

3．Jane wants to ride on a (　　　　　　).

Words and Phrases
a lost child：迷子　make contact with ...：…と連絡をとる
immediately［imíːdiətli］：すぐに　on ～ing：～するとすぐに
delay［diléi］：遅れ　sponsoring company：協賛企業

Lesson 19

Graphs

英文と質問を聞き，その答えとして最も適切なものを 1 つ選びなさい。
英文は 2 回読まれます。

1. 82

①

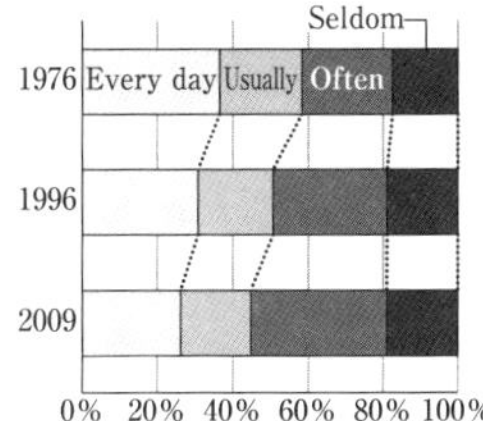

②

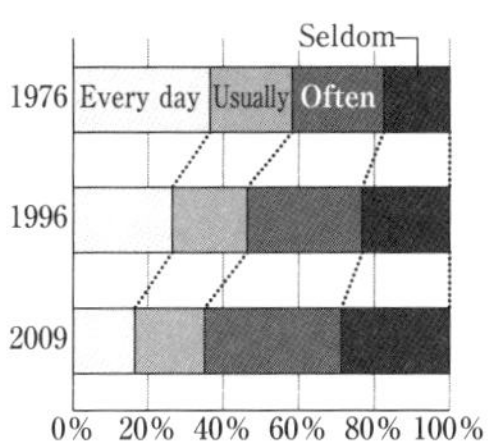

③

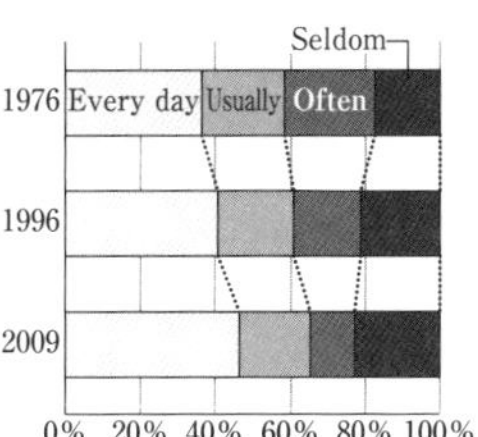

2. 83

①

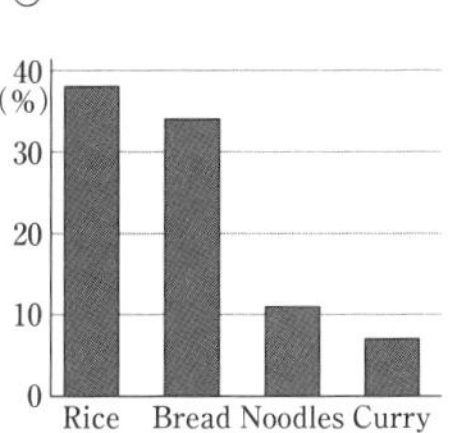

②

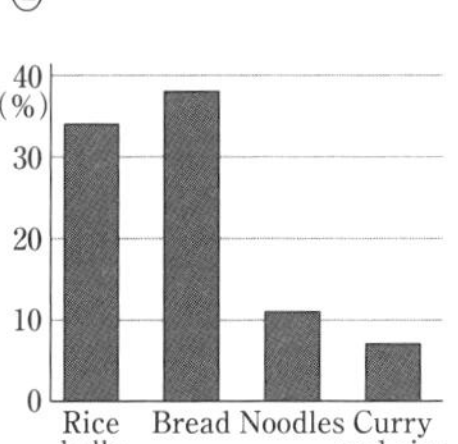

③

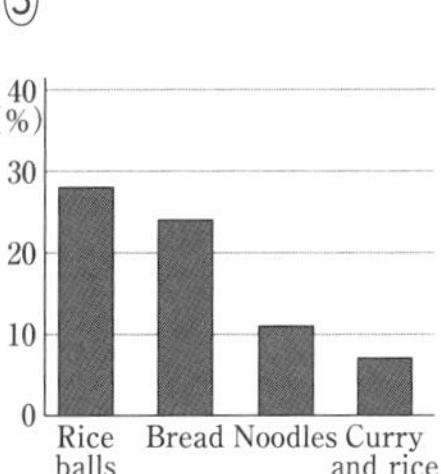

3. 84

①

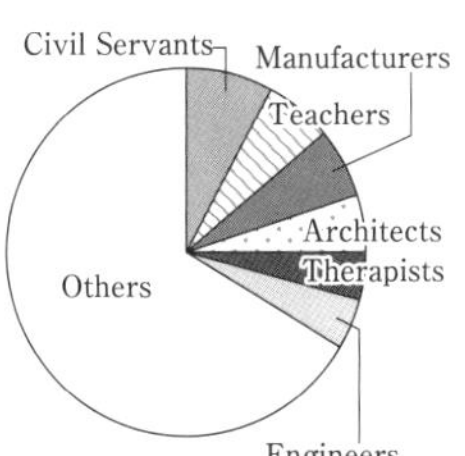

②

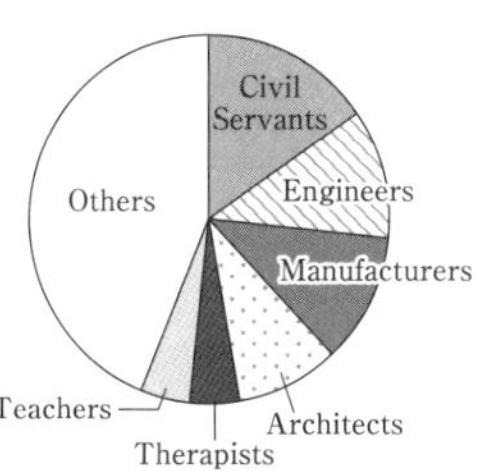

③

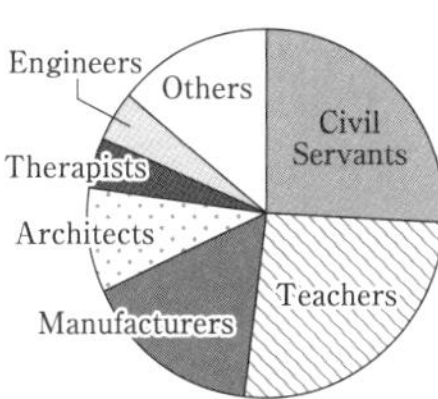

4. 85

①

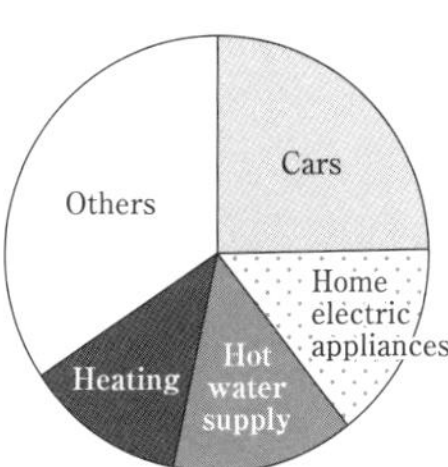

②

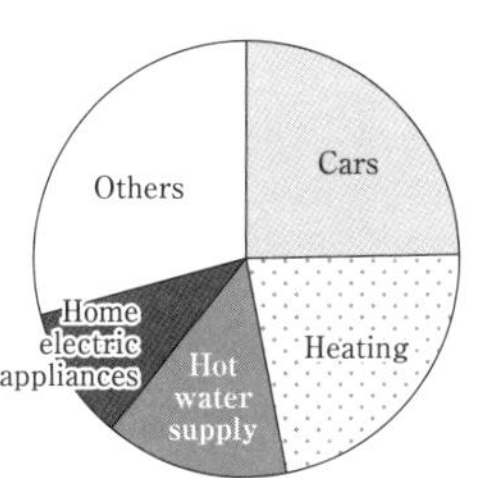

③

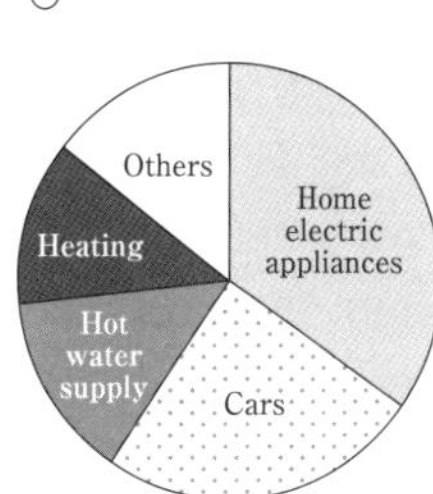

Answer Sheet

Active Listening ①
Lesson 19

1. ① ② ③ （5 点）

2. ① ② ③ （5 点）

3. ① ② ③ （5 点）

4. ① ② ③ （5 点）

Total

/20

Class

No.

Name

Target 19

子音の連続

聞いてみよう！

■英語では２つ以上の子音が連続することがよくある。発音の際には間に母音を入れないように注意しよう。

1．語頭の例	please [plíːz]，bread [bréd]，travel [trǽvl]，dream [dríːm]，class [klǽs]，cry [krái]，question [kwéstʃən]，green [gríːn]，swim [swím]，sleep [slíːp]，start [stάːrt]，three [θríː]
2．語中の例	employ [emplɔ́i]，tightly [táitli]，destroy [distrɔ́i]，sister [sístər]，basket [bǽskət]，empty [émpti]，older [óuldər]
3．語末の例	people [píːpl]，perhaps [pərhǽps]，able [éibl]，bottle [bάtl]，needle [níːdl]，garden [gάːrdn]，cycle [sáikl]，effect [ifékt]，looks [lúks]

Check

聞こえてくる英文の内容に近いイラストをa.，b.から選びなさい。英文は１回読まれます。

1．a.

b.

2．a.

b.

3．a.

b.

Words and Phrases
year by year：年々
seldom [séldəm]：めったに…ない
fit [fít]：…に合う
civil servant：公務員
manufacturer [mæ̀njəfǽktʃərər]：製造業者
architect [άːrkətèkt]：建築業者
home electric appliance：家電
hot water supply：給湯設備

Lesson 20

Conversation

共通テスト

対話の場面が日本語で書かれています。対話を聞き，質問の答えとして最も適切なものを 1 つ選びなさい。英文は 2 回読まれます。

1. 男女が今夏の旅行について話をしています。 87

When did the couple get married?

① During the trip to Hawaii.

② Ten years ago.

③ This summer.

2. 教授と学生が卒業後の進路について話をしています。 88

What does the professor advise her?

① To decide what to do early.

② To get a job.

③ To go on to graduate school.

3. 父と娘が話をしています。 89

What does the woman want her father to know?

① She is going to England.

② She has an English boyfriend.

③ The date of her wedding.

4. 上司が部下に話をしています。 90

What does the man want the woman to do?

① Teach leadership skills to other members.

② Work for another shop.

③ Work well with other staff.

Answer Sheet

Active Listening ①
Lesson 20

1. ① ② ③ (5 点)

2. ① ② ③ (5 点)

3. ① ② ③ (5 点)

4. ① ② ③ (5 点)

Total
/20

Class

No.

Name

Target 20

母音の連続

[iə*r*]	[i]の音から[ə]の音に移行し，最後に舌全体を後ろに引く。		appear [əpíə*r*] dear [díə*r*] ear [íə*r*] nearly [níə*r*li] beer [bíə*r*] cheerful [tʃíə*r*fl] here [híə*r*]
[eə*r*]	[e]に軽く[ə]をつけて発音し，最後に舌全体を後ろに引く。		air [éə*r*] chair [tʃéə*r*] hair [héə*r*] wear [wéə*r*] aware [əwéə*r*] careful [kéə*r*fl] where [*h*wéə*r*]
[uə*r*]	[u]の音から[ə]の音に移行するように発音し，最後に舌全体を後ろに引く。		cure [kjúə*r*] pure [pjúə*r*] sure [ʃúə*r*] tour [túə*r*] yours [júə*r*z] poor [púə*r*]

Check

英文を聞いて，空所にあてはまる単語を書きなさい。英文は１回読まれます。

1. They gave up on their mother planet because of the (　　　　　) pollution.
2. He felt happy though he was very (　　　　　).
3. Please wait (　　　　　) till I come back.

Words and Phrases

anniversary [ænəvə́ːrsəri]：…周年記念日　agree to …：…に同意する
reserve [rizə́ːrv]：…を予約する　make up one's mind：決心する
graduate school：大学院　encourage … to 〜：…を励まして〜させる
confidence [kɑ́nfidəns]：自信　tough [tʌ́f]：難しい
thanks to …：…のおかげで　coworker [kóuwə̀ːrkər]：同僚

訂正情報配信サイト 17410-02
利用に際しては，一般に，通信料が発生します。

https://dg-w.jp/f/9fb5e

ナレーター
Bianca Allen（アメリカ）
Brad Holmes（オーストラリア）
Dominic Allen（アメリカ）
Emma Howard（イギリス）

Active Listening 1

SECOND EDITION 音声配信対応版

2020年 1 月10日 初版 第 1 刷発行
2022年 1 月10日 改訂 2 版 第 1 刷発行
2023年 1 月10日 改訂 2 版 第 2 刷発行

監　修 神戸市外国語大学名誉教授
甲南大学教授
野村　和宏

英文校閲 甲南大学准教授
Stanley Kirk

発行者 松本　洋介
発行所 株式会社 第一学習社

広島：〒733-8521 広島市西区横川新町 7 番14号 ☎082-234-6800
東京：〒113-0021 東京都文京区本駒込 5 丁目16番 7 号 ☎03-5803-2131
大阪：〒564-0052 吹田市広芝町 8 番24号 ☎06-6380-1391

札　幌☎011-811-1848　仙　台☎022-271-5313　新　潟☎025-290-6077
つくば☎029-853-1080　東　京☎03-5803-2131　横　浜☎045-953-6191
名古屋☎052-769-1339　神　戸☎078-937-0255　広　島☎082-222-8565
福　岡☎092-771-1651

書籍コード 17410-02

＊落丁，乱丁本はおとりかえいたします。
解答は個人のお求めには応じられません。

ISBN978-4-8040-2287-1

ホームページ http://www.daiichi-g.co.jp/